Andreas Felder
Den Menschen die Augenblicke
des Lebens zeigen

Andreas Felder
Den Menschen die Augenblicke des Lebens zeigen

BOD Verlag

Herstellung und Verlag:
BoD - Books on Demand, Norderstedt, www.bod.de

**Bibliografische Information
der Deutschen Nationalbibliothek**
Die Deutsche Nationalbibliothek verzeichnet diese Publikation in der Deutschen Nationalbibliografie; detaillierte bibliografische Daten sind im Internet über dnb.d-nb.de abrufbar.

ISBN: 978 3839144497 (1. Auflage)
ISBN: 978 3735779137 (2. Auflage)

Umschlagfoto:
D. Sharon Pruitt, „Her Name Is Rio",
CC-Lizenz (BY 2.0)
Weitere Copyrightvermerke:
Foto S. 09: www.SirToebi.de.vu, „Frosch im Bach",
Foto S. 20: P@r!cK, „Wahre Liebe vergeht nie!",
Foto S. 78: Singa, „Miniaquarium",
Foto S.102: darwin Bell, „I heart books",
Alle Bilder mit CC-Lizenz (BY 2.0)
http://creativecommons.org/licenses/by/2.0/de/deed.de
Alle Bilder stammen aus der kostenlosen Bilddatenbank www.piqs.de
Foto S.95: „DSC_3608" © Sandy Truong www.artside.be
CC-BY-SA Version 3.0
(http://creativecommons.org/licenses/by-sa/3.0/)

Zeichnungen S. 19, 26, 32, 35: Carl Felder - www.carl-felder.com

© 1. Auflage - Januar 2010, 2. Auflage - August 2014
Andreas Felder | mail@andreas-felder.info | Alle Rechte vorbehalten

Inhaltsverzeichnis

Impressum	6
Vorwort	11
-1- Die Augenblicke des Lebens	15
-2- Die Augenblicke der Phantasie	19
-3- Die Augenblicke als Wegbegleiter	37
-4- Die Augenblicke der Erinnerung	43
-5- Die Augenblicke der unerwarteten Momente	49
-6- Die Augenblicke der Werte	57
-7- Die Augenblicke der Gedichte und Gedanken	65
* Genieße dein Leben	67
* Mami, warum	70
* Das Glas des Lebens	73
* Andere glücklich machen	75
* Das perfekte Herz	79
* Unterschied	82
* Ein gewaltiges Kapital ist uns anvertraut	83
* Die guten Seiten eines Menschen	87
* Arme Leute	90
* Das Geheimnis der Zufriedenheit	91
* Gibt es ein Leben nach der Geburt	93
Persönliches Nachwort	97

*Sehe das Verborgene – den Moment.
Erkenne die Augenblicke in deinem Leben*

Vorwort

Im Leben ändert sich von Zeit zu Zeit unsere Anschauung zu manchen Dingen - zum Leben - zu uns. Was uns vor Jahren noch wichtig war, hat sich in unserer Ansicht geändert, und wir legen unsere Wichtigkeit auf andere Dinge, die uns zurzeit als wichtig erscheinen. Wir ändern auch unsere Ansicht auf Dinge. Wenn wir vor einiger Zeit noch felsenfest der Überzeugung waren, dass es richtig ist, was wir von manchen Dingen denken und uns davon auch nicht abbringen ließen und andere Menschen für ihre Ansicht, die nicht mit unserer Übereinstimmte, belächelten.

So ändert sich in den Jahren auch unsere Ansicht von den Dingen, und was wir vor einiger Zeit noch belächelten ist für uns jetzt Überzeugung, dass die andere Sicht nun unser Glaube ist, und wir wollen von den Gedanken der Vergangenheit nichts mehr wissen - geschweige noch sagen, dass wir daran geglaubt haben.

Das passiert aber uns allen. Wir alle ändern manche Ansichten, Dinge, Ideen in den Jahren und das ist, was jeden von uns ausmacht - wir wachsen in uns. Ohne Wachstum gibt es einen Stillstand und dieser bringt uns nicht weiter an den Zielen, Träumen, Wünschen und Hoffnungen, die wir in diese Welt, in unsere Mitmenschen und in uns selbst stecken.

Wir dürfen nicht sagen, dass es falsch war, was wir einmal gedacht haben, oder, dass es falsch ist, was andere denken, denn jeder Gedanke - jede Einstellung haben wir gebraucht auf unserem Weg.
Wir brauchten sie, um zu lernen.
Niemand von uns kann von der einen auf die andere Sekunde alles erlernen.
Zeit, Erfahrungen, Erlebnisse, Niederlagen, Freude und Tränen - all dies sind der Samen, den wir verstreuen, und der dann auf unserem Weg des Lebens zu blühen beginnt.

Ein guter Freund von mir sagte einmal, als ich an einer Abzweigung meines Lebens war: Du musst säen, damit etwas wachsen kann. Ohne dies kann nichts entstehen. Es kann der beste Acker sein, aber ohne diese kleinen Körner kann der beste Acker nie Früchte bringen. Wenn du aber viele kleine und größere Körner am Acker verteilst, werden die Früchte hervor kommen und du kannst dann ernten - das, was du immer vor deinen Augen als dein Ziel hattest - den Erfolg, deine Wünsche, Träume und Hoffnungen.

Von heute auf morgen können wir unsere Ziele nicht erreichen. Wir wollen immer und überall sofort sein und alles sofort haben.
Wenn wir es nicht sofort bekommen, geben wir auf. Wir wollen jetzt in den USA sein - wir wollen jetzt viel Geld - wir wollen jetzt einen Job.
Um in die USA zu kommen, musst du dich auf den Weg zum Flughafen machen.

Du musst durch den Check-in, durch Sicherheitskontrollen und dann deinen Schritt in das Flugzeug setzen. Auf diesem Weg wirst du viel sehen und erleben. Und du wirst mit der ganzen Anstrengung die du auf diesem Weg hinein gesetzt hast an deinem Ziel ankommen.
Alles hat seine Zeit und alles hat einen Weg zu dem Ziel, das du möchtest - GEHE IHN AUCH.
Wir müssen alle den (Lehr) -weg gehen. Und auch nur darum können wir zu dem kommen und zu dem werden, was wir sein wollen. Ohne die Erfahrungen im Leben, die wir alle machen, kann kein Ziel erreicht werden.
Ja, er ist oft steinig und ohne Aussichten, dieser Weg.
Er ist anstrengend und man will oft aufgeben.
Aber wer das Ziel – sein Ziel im Auge behält wird es schaffen.

Mit diesem Buch möchte ich euch zeigen, dass der Weg nicht immer nur schwer ist - auch wenn man es momentan so sieht - es gibt auf diesem Weg auch die Schönheiten des Lebens zu sehen und zu entdecken. Man muss es nur lernen zu sehen, und wenn wir uns indem üben, das Schöne zu sehen, wird der Weg leichter für uns und wir haben mehr Mut ans Ziel zu kommen.

Ich möchte euch die Augenblicke des Lebens zeigen und euch ein kleines Stück auf eurem persönlichen Lebensweg begleiten.

-1-

Die Augenblicke des Lebens

*Jeder Augenblick
kann voll von Liebe und Güte sein –
jeder Augenblick voll Glück und Sonnenschein.*

Was ist der Augenblick?
Jeder von uns erlebt den Augenblick anders.
Jeder von uns nimmt ihn anders wahr.
Manche mehr – manche weniger.
Ich frage mich oft: Erkenne ich
den Augenblick des Lebens überhaupt –
oder geht er spurlos an mir vorbei?

„Das Leben ging an ihm spurlos vorüber"
eine gängige Wortklausel. Geht das überhaupt?
Das Leben geht spurlos an einem vorüber…
Hinterlässt nicht alles was wir machen Spuren?
Wenn wir auf einer Bank sitzen, auf der Wiese
liegen, am Berg stehen oder einfach daheim entspannen.
Alles hinterlässt Spuren. Überall wo wir uns aufhalten bleibt unsere Energie
oder zumindest die DNA, die jeder von uns einzigartig besitzt. Also kann das Leben nicht spurlos an einem vorüber gehen und somit auch nicht die Augenblicke, die wir erleben. Ich sage nicht, dass diese Augenblicke uns immer erstrahlen lassen. Die Augenblicke können uns auch zum Weinen und Verzweifeln bringen.
Aber wir erleben sie – bewusst oder für einen selbst auch manchmal unbewusst.
Die Augenblicke müssen auch nicht immer etwas „Angreifbares" sein. Oft sind es Gedanken und Gefühle die wir wahr nehmen.

Wenn wir mit dem Auto entlang einer Autobahn fahren erleben wir viele kleine Augenblicke.
Seien es die Bäume an denen wir vorbei rauschen und wir in einer Sekunde erkennen, wie schön die Sonnenstrahlen die Bäume erhellen und uns dieser Augenblick für einen Moment ein Lächeln in unser Gesicht zaubert.
Oder wenn wir auf einer Wiese liegen, umringt von bunten, stark duftenden Blumen, und wir an einer Blume erkennen, wie eine Biene sich der Blüte nähert, ganz behutsam auf ihr landet, sie ein wenig erkundet, um dann den Blütennektar zu sammeln.

Diese Augenblicke erleben wir Tag für Tag.
Doch erkennen wir diese?
Wenn wir uns bewusst machen, dass es diese Augenblicke jeden Tag gibt, können wir lernen sie wahr zu nehmen, sie für uns zu speichern und sie dann für uns zu genießen.

Ich lade Sie ein mit mir auf die Reise zu gehen. Auf die Reise zu den Augenblicken des Lebens.

Lehnen Sie sich zurück, schaffen Sie um sich herum ein angenehmes Klima und genießen Sie die Stille die Sie nun umgibt.
Und nun nehme ich Sie bei der Hand und begleite Sie auf eine einzigartige Reise in das Land der Augenblicke.

Wenn Sie bereit sind können wir starten.

-2-

Die Augenblicke der Phantasie

Sie wollen ihre Augenblicke erkennen?

Schauen Sie sich das Bild gegenüber an.

Lassen Sie sich Zeit beim betrachten.

Gehen Sie ganz tief in sich hinein und nehmen Sie wahr welche Erinnerungen Sie mit diesem Bild verbinden. Vielleicht ihre erste Liebe – oder ein Mensch der ihnen sehr viel bedeutet.

Nehmen Sie wahr welche Gefühle erweckt werden.
Hören Sie vielleicht Geräusche oder eine Stimme
die Sie kennen? Nehmen Sie Düfte wahr?
Ein Duft mit dem Sie persönlich eine Verbindung haben, oder ein Duft der die Erinnerung in ihnen weckt und der Sie ganz persönlich glücklich macht?

Versetzen Sie sich in das Bild hinein –

Nehmen Sie ihre persönlichen Gefühle für sich wahr und genießen Sie diesen Augenblick.

Und wenn Sie bereit sind kommen Sie wieder in das Hier und Jetzt. Fühlen Sie die Unterlage auf der Sie sitzen oder liegen. Nehmen Sie den Moment des „Jetzt" wahr, denn dieser Augenblick ist voll von Glück. Sie sind ein einzigartiger Mensch der stolz auf sich sein kann in allem was Sie geleistet haben.
Sie sind ein wertvoller Augenblick im Leben.

Wussten Sie, dass zehn Minuten herzhaftes Lachen die Kalorienmenge eines kleinen Apfels verbraucht?
Das stimmt, so besagt es zumindest eine Studie.

Sehe ich da schon ein Lächeln auf ihrem Gesicht?

Mit meinem Beispiel möchte ich ihnen eines vom wichtigsten zeigen was der Augenblick hat.

Die Phantasie.

Jeder erkennt in dem Bild etwas anderes –
etwas was er ganz persönlich damit verbindet.
Erinnerungen, Träume, Hoffnungen – seine persönlichen Augenblicke. Und diese Augenblicke stellen wir uns vor mit einer der größten Gaben die wir haben –
der Phantasie.
Sie lässt uns das Unmögliche – möglich machen. Mit ihr können wir alles schaffen. Unsere Träume verwirklichen – unsere Wünsche und Hoffnungen erwecken. Phantasie.

Können Sie sich noch daran erinnern als sie ein kleines Kind waren? Als Sie ein Märchenbuch sahen und Sie mit diesen Märchen lebten. Wie sie verzaubert waren und wie real alles für Sie war. Sie haben ihre Phantasie gelebt. Sie haben die Phantasie zur Wirklichkeit gemacht.
Durch diese Eigenschaft wurden ihre Träume war –
Sie waren ein Prinz oder eine Prinzessin. Sie kämpften mit Rittern oder aßen vom Lebkuchenhaus.

Alles war real – alles lebte – alle Märchenfiguren waren ihre Freunde die Sie in ihrer Kindheit begleitet haben.

Und wo ist die Phantasie jetzt? Wo ist Schneewittchen oder Hänsel und Gretel? Wo ist Mary Poppins
oder Winnie Pooh?　　　　　Sie leben.　　　　　Ja!

Und wo sind Sie alle fragst du dich?

In deiner P h a n t a s i e

Willkommen, Bienvenue, Welcome!
Ich präsentiere dir die Welt der P h a n t a s i e.

Sie ist Magie – die Welt der Phantasie. Sie ist einzigartig – die Welt der Phantasie. Sie ist mystisch – die Welt der Phantasie. Sie ist voll von deinen Träumen und Wünschen – die Welt der Phantasie.
Sie ist der Augenblick der dich glücklich macht –

D I E   W E L T   D E R   P H A N T A S I E

Sie haben bestimmt einen Wunsch?

Und was hindert Sie diesen Wunsch zu verwirklichen?

Als Kind saßen wir im Spielzimmer und wünschten uns mit Ali Baba auf dem fliegenden Teppich um die Welt zu reisen.

È VOLA – befanden Sie sich in den Lüften von Arabien und ein kleiner, bunter Teppich flog sie zu ihren Träumen.

Spüren Sie noch wie viel Spaß das machte, wie viel Freude sie hatten und welche Energie sie plötzlich bekommen? Sie spüren die warme Luft an ihrem Körper. Spüren den Wüstensand, wie er ganz fein auf ihrem Gesicht sich niederlegt. Sie fliegen über hohe Türme, unter kleinen Brücken hindurch. Winken den Menschen zu, die auf den Straßen entlang ziehen.

Für Sie ist die Sonne zum angreifen. Sie fühlen sich so richtig frei und entspannt, und sie können wieder so richtig schön und laut lachen. Ein Gefühl das ihnen Energie gibt – das ihnen Motivation gibt.

Sie haben das Gefühl als ob Sie jetzt alles erreichen können. Alles ist möglich und Wünsche, die zuvor mit Hindernissen blockiert waren, sind jetzt real. Wie weg geflogen ist jedes einzelne Hindernis. Ja, Sie fliegen an ihnen vorüber. Immer näher ihrem Ziel entgegen, denn Sie wissen, dass Sie es ans Ziel schaffen werden, es ist ihr Wunsch, dort anzukommen.

Stellen Sie sich vor wie es sein wird dort vorne zu stehen und voller Freude zu jubeln – in die Lüfte zu springen und das erreicht zu haben wovon Sie schon immer geträumt haben.

Nehmen Sie dieses Gefühl in sich wahr und genießen Sie es in vollen Zügen.

Nehmen Sie nun dieses Gefühl und legen es an einen ganz besonderen Ort in ihren Gedanken.

Ein Ort, den nur sie kennen, und den Sie immer her holen können, wenn sie ihn brauchen.
Dieses Gefühl bleibt dort - sie brauchen keine Angst zu haben, dass dieses Gefühl weg kommt, denn dieses Gefühl gehört ihnen alleine, und es wird immer da sein, wenn Sie es brauchen.

Das alles ist Phantasie. Sie ist die Quelle der Gefühle – die Quelle des Glücklichseins.

Wir stellen uns eine Situation vor, die wir gerne in unserem Leben haben wollen. Das was wir uns vorstellen ist Phantasie und im jetzigen Moment noch nicht real. Sie konstruieren sich eine eigene Welt und eine eigene Sicht, die Sie sich wünschen.
Und das ist der Anfang, um ihrem Glück näherzukommen, um ihre Augenblicke des Lebens zu erleben. Ohne die Phantasie würden Sie das Gefühl nicht so erkennen - wie es ist am Ziel ihrer Wünsche, ihrer Träume anzukommen. Aus dieser Phantasie die sie aktiv in ihren Gedanken erleben entstehen die Schritte die Sie zur Verwirklichung brauchen.

Sie sind also viel öfters in ihrer Phantasie als sie glauben. Und das ist keineswegs schlimm. Viele meinen, dass Menschen die in ihrer Phantasiewelt leben, keine Entscheidungen im Leben treffen können.

Das stimmt nicht, finde ich. Ohne Phantasie wäre das Ziel doch gar nicht möglich.

Albert Einstein hat ein sehr schönes Zitat und wohl gemerkt, diese Aussage kommt von Albert Einstein, dem weltberühmten Physiker:

**„Phantasie ist wichtiger als Wissen,
denn Wissen ist begrenzt."**

Um die Augenblicke des Lebens zu sehen –
zu erkennen ist der erste Schritt die Phantasie.

Ich zeige ihnen nun eine weitere Phantasiereise aus dem Land der Märchen.
Wenn sie sich fragen, aus welchem Grund ich ihnen immer Beispiele aus der Welt der Märchen zeige?
Um ihnen den Einstieg in die Phantasie zu erleichtern.
Wann haben Sie am liebsten Märchen gehört?

Als Kind.

Und da waren Sie ganz unbeschwert, ohne große Sorgen, und Sie konnten sich ohne Probleme in diese Welt hinein versetzen. Diese Situation möchte ich bei ihnen wieder erwecken, denn Sie ist ihnen im Moment vielleicht nicht mehr bewusst, sie ist aber ganz bestimmt nicht verloren gegangen. Sie lebt ganz tief in ihnen drinnen.
Mit Märchen fühlt man sich wieder in diese Situation hinein – man ist wieder ein Kind.
Wenn Sie diese Gefühle in ihnen wieder erweckt haben, steht ihnen für ihr Glück – für ihre Augenblicke des Lebens - nichts mehr im Wege.

Lesen Sie nun ganz langsam weiter, sodass ihre Augen ganz relaxt sind und ohne Anstrengung über diese Wörter fliegen. Entspannen Sie ihren ganzen Körper so wie es für Sie angenehm ist.

Lassen Sie allen Kummer – Ängste – Hemmungen und alles, was Sie daran hindert, jetzt ganz entspannt und relaxt zu sein, hinter sich, und nehmen nur das wahr was ihnen Kraft – Energie – Zuversicht – Antrieb gibt.
Sie können auch eine leichte und sanfte Musik im Hintergrund laufen lassen.

Nehmen Sie nun nur meine Worte wahr – mit jedem Wort, das sie nun lesen, gehen sie tiefer – und tiefer in ihr Unterbewusstes hinein. Nehmen Sie jedes Wort wahr und jedes Wort dringt noch tiefer in ihr Inneres hinein.
In ihr Unterbewusstes.

Sie befinden sich nun auf einer großen Wiese,
voll mit bunten Blumen.
Sie können jede einzelne Blume riechen.
Ein angenehmer Duft dringt ganz tief in ihre Nase ein.

Dieser Duft gleitet durch ihren ganzen Körper – jede einzelne Zelle kann diesen einzigartigen Duft nun riechen. Atmen Sie ganz tief ein – jeder Teil in ihrem Körper wird nun mit diesem Duft beflügelt.

Genießen Sie diesen Duft in vollen Zügen...

Sie spüren auf ihrer Haut nun die warmen und angenehmen Sonnenstrahlen.
Jeder Strahl der auf ihre Haut trifft ist ein Strahl voller Energie und voll von Liebe.
Eine Liebe die sie sich immer gewünscht haben.
Nehmen Sie wahr was sie fühlen -
lassen Sie sich ruhig Zeit und genießen Sie dieses Gefühl in vollen Zügen.

Von weitem können Sie nun erkennen,
dass jemand auf Sie zukommt.
Schauen Sie genau hin.
Ganz langsam können Sie erkennen was auf Sie zukommt.

Konzentrieren Sie sich auf das, was immer näher zu ihnen kommt. Sie spüren mehr und mehr ein ganz warmes Gefühl in ihnen – eine Wärme die Sie schon lange nicht mehr wahr nehmen konnten.

Und näher und näher und mehr und mehr erkennen Sie was auf Sie zu kommt.

Ja, Sie sehen richtig – es ist die Liebe die sie so lange vermisst haben. Mit ausgestreckten Armen werden Sie empfangen.
Umarmen Sie die Liebe – die Sie so lange vermisst haben.
Spüren Sie das Glück das Sie nun umgibt.
Nehmen Sie dieses Glück für sich wahr.

Sie können nun der Liebe das sagen, was Sie ihr schon immer sagen wollten – das was ihnen so lange Kummer bereitet hat. Haben Sie keine Angst, die Liebe freut sich über jedes Wort, das Sie ihr anvertrauen.

Wenn Sie für sich all den Kummer, den Sie ganz tief in sich tragen, der Liebe übergeben haben, atmen Sie einmal ganz tief ein, und wenn die Lunge ganz voll ist, packen Sie noch den Rest der negativen Dinge in ihnen dort hinein und jetzt atmen Sie das alles aus ihrem Körper heraus, und die Liebe wandelt diese ganze Strömung, die nun aus ihnen heraus kommt, in eine Luft mit voller Liebe und Energie um, und diese neue Luft wird Sie nun immer umgeben. Und das Schöne an dieser Luft ist, sie wandelt alles, was Sie ab jetzt an Negativem ausatmen, in Liebe und Energie um.

Nehmen Sie nun die Liebe, die sie so lange nicht mehr gesehen und gefühlt haben, ganz fest in ihre Arme und fühlen Sie das Glück. Nehmen Sie diesen Augenblick wahr, und lassen Sie diesen Moment ganz tief in ihren Körper hinein.

Drücken Sie so lange bis jede einzelne Zelle – jede Region in ihrem Körper erreicht ist
und voll mit Liebe und Energie ausfüllt ist.

Wenn Sie das Gefühl in sich haben, dann lassen Sie die Liebe wieder weiter ziehen.

Bedanken Sie sich bei der Liebe für alles und geben der Liebe noch einen schönen Gedanken mit auf dem Weg.

Auch wenn es schwer fällt die Liebe wieder gehen zu lassen, wissen Sie, dass sie jederzeit wieder hierher zurückkehren können, und die Liebe wird Sie dann wieder empfangen.

Die Liebe verabschiedet sich bei Ihnen und ganz langsam zieht sie weiter und verschwindet am Horizont.

Sie spüren wie Ihr Körper nun voll mit
Liebe – Energie und schönen Gedanken gefüllt ist.

Hinter Ihnen wartet nun eine Taube auf Sie.
Diese bittet Sie auf ihr Platz zu nehmen. Haben Sie keine Angst – diese Taube ist eine besondere Taube.
Sie kann die Last der Welt tragen. Also, auch Sie.

Wenn Sie auf der Taube Platz genommen haben, halten Sie sich fest. Die Taube steigt mit Ihnen nun höher und höher in die Lüfte – Sie durchdringen ganz hohe Nebelfelder und mit jedem Anstieg fühlen Sie mehr und mehr das Hier und Jetzt. Sie fühlen Ihre Füße und Hände.

Die Taube bringt Sie nun zu Ihrem Hier und Jetzt. Ganz sanft lässt die Taube Sie im Hier und Jetzt ankommen.

Sie können nun schon Ihre Finger und Zehen bewegen, und so langsam können Sie sich auch recken und strecken. Lassen sie alle Verspannung aus Ihrem Körper.

Sie fühlen sich nun frisch, erholt – voller Liebe – Energie und schönen Gedanken.

Atmen Sie ganz fest ein und aus.

Bewegen Sie Ihre Augen in Kreisform.

Stehen Sie einmal auf und strecken Sie sich.

Willkommen im hier und jetzt.

Mit unserer Phantasie können wir glücklich werden, mit ihr können wir Dinge erreichen die uns stärken - festigen und zu dem machen, das wir sein wollen.

Viele Menschen wollen, dass man sich bei ihnen wie zu Hause fühlt. Sie übersehen aber das Wesentliche. Wenn ich irgendwo sein will, wo ich mich wie zu Hause fühle, dann muss ich doch gar nicht erst von zu Hause weg. Wenn ich bei Freunden, Verwandten oder aber auch in Hotels bin, dann möchte ich dem Alltag entfliehen. Was jetzt nicht heißen soll, dass man sich aus der Verantwortung ziehen will. Nein. Jeder Mensch braucht seine Auszeit, und manchmal ist diese Auszeit im Urlaub, bei Freunden oder aber auch in der Natur. Wenn ich diese Auszeit nehme, dann möchte ich mich nicht wie zu Hause fühlen.
Das kann auch schön sein, aber es ist alltäglich. Darum will ich mich nicht wie zu Hause fühlen, sondern wie im Urlaub oder wie in einer Phantasiewelt.

Vor kurzem war ich mit meiner Frau im Disneyland in Paris. Übernachtet haben wir dort im Dreamcastel. Dieses Schloss lässt einen nicht sich wie zu Hause fühlen - dieses Schloss lässt einen seine Phantasie erwecken.
Es holt in einem hervor, was ganz tief in uns noch steckt – die Kindheit.

Hier werden unsere Träume wahr. Hier werden die Gefühle in uns geweckt - hier werden die Gefühle in Dir geweckt die Du brauchst, um Dein Glück sehen zu können.

Stell dir vor, plötzlich steht Micky Maus vor Dir. Was würdest Du dabei fühlen? Ich habe ganz großes Glück empfunden. Kannst Du Dir mein Gefühl vorstellen, das ich dort hatte? Was würde passieren, wenn Du an meiner Stelle wärst und Micky Maus Dir gegenüber steht?

Stell Dir diesen Moment für Dich ganz persönlich vor...

...genieße jede Sekunde die Du nun fühlst.

Genieße Deine Phantasie.

Wir alle sind Phantasie, wir alle sind Glück. Es liegt an uns, diese Augenblicke zu sehen und zu erkennen - es liegt an Dir Deine Augenblicke zu sehen und zu erkennen.

-3-

Die Augenblicke als Wegbegleiter

Dein Leben lang wirst Du einen treuen Begleiter haben - wir alle haben diesen treuen Wegbegleiter.
Es sind die Augenblicke, die wir jeden Tag - ja, jede Sekunde geschenkt bekommen. Der Augenblick lässt Dich nie alleine.

Der erste Augenblick, den wir auf Erden erleben dürfen, beginnt mit unserer Geburt –
der erste Augenblick, den Du auf Erden erleben darfst, beginnt mit Deiner Geburt.

Du spürst die Wärme die Dich umgibt. Die Geborgenheit, die Dich glücklich macht, und Du spürst den Schock, den Du dann bekommst, wenn der Herr oder die Dame im weißen Kittel dich aus dieser Wärme heraus holt.
Du spürst die liebe, die Dich dann einfängt, wenn Du in die Arme Deiner Mutter gelegt wirst, und Du weißt, dass Du hier aufgehoben bist - das du dich geborgen fühlst.

Zärtlich wirst Du gestreichelt und warm gehalten.
Du spürst die volle Liebe.

Du lernst das sprechen und lernst das gehen. Der Moment, wenn Du beim ersten Gehversuch wieder auf Deinen Hintern fällst. Oder, wenn Du bei Deinem ersten Wort das Strahlen Deiner Eltern siehst, wenn Du ihren Namen versuchst zu quasseln.

Du lernst Dinge zu begreifen und zu verstehen - versuchst Grenzen zu erkunden und bist immer
auf der Suche nach neuem.

Du lernst Wörter zu schreiben und Zahlen zu rechnen - und lernst Freunde kennen, mit denen Du Spaß hast und erkennst andere Freunde, die es gar nicht sind.

Du lernst, was aus Dir und Deinem Körper wird, und wie Du und Deine Persönlichkeit sich verändern.

Du lernst die Liebe kennen
und den Schmerz der darauf folgt.

Du lernst den Arbeitsalltag zu begreifen und zu erleben, und gehst durch die harte Schule des Lebens.

Du lernst, dass Erfolg und Misserfolg nahe beieinander liegen, und du lernst, dass Du dies für Dich steuern kannst, mit Deiner inneren Einstellung mit Situationen umzugehen.

Du lernst Menschen von Herzen zu lieben und lernst, was Familie bedeutet.

Du lernst dem Menschen an Deiner Seite das JA für die Unendlichkeit zu geben.

Du lernst das Leben - mit all seinen Facetten.

Du lernst, dass Du älter wirst und reifer, und dass Du Dinge, die du früher gemacht hast, jetzt anders löst.

Du lernst das Wunder der Geburt durch Deine eigenen Kinder. Du siehst wie sie aufwachsen und Du lernst ihnen das, was Du in Deinem Leben gelernt hast.

Du lernst Verluste zu begreifen und zu verstehen. Du lernst weiter nach vorne zu blicken, und lernst, Dich nicht unterkriegen zu lassen.

Du lernst, Dich von der Arbeit zu verabschieden, und blickst auf viele Jahre Deines Lebens zurück.

Du lernst wie es sich anfühlt, wenn die eigenen Kinder das Haus verlassen und durch das, was Du ihnen gelehrt hast, in die Welt ziehen, um ihre eigenen Erfahrungen zu machen und ihre Familie zu gründen.

Du lernst, das zu genießen, was Du immer machen wolltest, und entwickelst neue Lebensenergie.

Du lernst, wie Dein Körper älter wird. Wie Deine Haare grauer und weniger werden. Du lernst die wichtigeren Dinge im Leben mehr zu genießen. Und Du lernst Deine Frau so richtig zu umarmen und ihr dankbar zu sein für all diese Zeit, in der Sie an Deiner Seite war und Dich begleitet hat.

Du lernst Dich zu setzen um auszuruhen,
und Du lernst einem die Hand zu reichen
um Vergangenes vergessen zu machen.

Du lernst dich zu bedanken für das was Du bekommen hast und erleben durftest.

Du lernst den Menschen in die Augen zu sehen und DANKE zu sagen, und Du lernst Deine Augen zu schließen um neues zu erfahren.

Die Augenblicke des Lebens - Deine Augenblicke.

-4-

Die Augenblicke der Erinnerungen

Alles ist vergänglich auf Erden.
Jede Pflanze, jedes Tier, jede Frucht, jeder Mensch –
jedes Leben.

Eine Mutter die vor 400 Jahren ihr Kind verloren hat,
musste zu diesem Zeitpunkt unglaubliche
seelische Schmerzen durchmachen.
Die Verwandten trauerten und der Verlust –
der Schmerz blieb.
Und mit der Zeit kommt die (Ver) Änderung.
Nach einem Tag ist der Schmerz unerträglich und man möchte am liebsten selbst von dieser Welt gehen - nach einem Monat ist die Stärke des Verlustes noch so stark, dass es einem das Herz zerreißt -
nach einem Jahr ist es noch immer eine offene Wunde und man fängt an zu weinen.

Und die Zeit vergeht und vergeht …

nach 10 Jahren sind es die Erinnerungen, die noch immer schmerzen, und einem einen Augenblick lang tränen in das Gesicht bringen.
Nach 100 Jahren redet man vielleicht noch von diesem Kind, dem Schicksal das dahinter stand, wenn man vor dem Grabe steht.
Nach 400 Jahren weiß niemand mehr, wer dieses Kind war, welches Schicksal sich dahinter verbarg, und welche Schmerzen die Mutter hatte.

Alles ist vergänglich auf Erden.

Wer kennt uns in 100 - 150 - 500 oder in 1000 Jahren noch?

Wenn wir jemanden verlieren, sprechen wir darüber, dass wir ihn nie vergessen werden – WIR werden ihn nie vergessen - die Zeit wird ihn vergessen (machen).

Wir leben für den Augenblick - für das Jetzt. Und wir sollen nicht fragen, was ist in 400 Jahren - wir sollen uns fragen, was jetzt in diesem Augenblick ist.
Unser Wissen, unsere Ideen, unser Schaffen müssen wir jetzt einbringen. In 400 Jahren gibt es neues Wissen, neue Ideen und neues Schaffen.
Die Menschen in 400 Jahren leben von unserem Tun im Hier und Jetzt. Wer wir waren, was uns im Leben auszeichnete, wird meistens niemand mehr wissen.

Nütze deinen Augenblick im Jetzt - denk an das Morgen und das Übermorgen - aber nicht an die nächsten 100erte von Jahren.
Das, was wir jetzt schaffen, werden unsere Nachkommen und vielleicht die Generation darauf nützen können. Und mit jeder neuen Generation wird das Vergangene immer mehr vergessen werden - die Dinge, das Leben, die Menschen, du und ich.

Wenn wir im Jetzt leben, können wir viele schöne Augenblicke entstehen lassen, die uns und andere Menschen glücklich machen.

Mit jeder guten Tat, die wir für andere im Jetzt machen werden wir bei diesen Menschen unvergesslich bleiben, und das ist wunderschön.

singe, lache, tanze und liebe...-

und lebe jeden einzelnen Augenblick deines Lebens...-

bevor der Vorhang fällt und das Theaterstück ohne Applaus zu Ende geht.

(Charlie Chaplin)

-5-

Die Augenblicke der unerwarteten Momente

"Das kann mir nie passieren also warum sollte ich einen Gedanken daran verschwenden"

Oft schwirrt dieser Satz in unserem Kopf herum wenn wir im Fernsehen, in den Zeitungen, aber auch persönlich Ereignisse wahrnehmen, die uns nicht betreffen. Für uns sind Dinge, die andere und nicht wir selbst erleben, unverständlich und fern. Wenn jemand im Lotto gewinnt denkt man sich "Warum kann ich denn nicht dieser Gewinner sein", wenn jemand zum Beispiel ausgeraubt wird denkt man sich "Mir kann so etwas nicht passieren" oder man denkt kurz darüber nach, und mit der Länge des Tages ist dieser Gedanke wieder vergraben.

Ich hatte auch solche Gedanken –
jeder hat mal solche Gedanken.

Es war ein wunderschöner Augusttag als meine Frau und ich mit unserem Mietauto nach Italien fuhren - an den Gardasee sollte es gehen. Kurz vor dem Start mussten wir uns noch mit der Autovermieterfirma ärgern. Sie wollte uns einen Smart als Auto für die Reise mitgeben. Über das Internet hatten wir einen 3er BMW gebucht, und bei der Abholung auch darauf bestanden. Uns war nicht ganz wohl bei dem Gedanken, dass wir über 500km mit einen kleinen Smart zurücklegen sollten. Nach langem hin und her erhielten wir dann den 3er BMW.

Unser Ziel war Sirmione, eine kleine Insel, wenn man das so sagen darf, direkt im Süden des Gardasees.

Es war ein wunderschöner Tag. Das Meer, naja Meer würde ich jetzt nicht sagen.
Er ist vielmehr ein großer, ein sehr, sehr großer See - der Gardasee. Also der sehr, sehr große See glitzerte, als die Sonne am Horizont so langsam unterging.
Als es dunkler und dunkler wurde, und auch die Zeit schon fortgeschritten war, beschlossen wir, uns nach einem wunderschönen Tag auf die Heimreise zu machen. Vor uns lagen rund 250km nach Tirol. Wir fuhren die Küste entlang und hörten schon von weiten Musik.
Wir schauten uns um, und sahen an einem großen Platz ein Konzert mit schöner italienischer Musik. Sollten wir stehen bleiben und die Klänge dieser Musik weiter hören?
Wir entschlossen uns doch weiter zu fahren –
es war schon 23.50h.

Das Navigationsgerät sagte uns noch 2km bis zur Autobahnauffahrt - wir fuhren auf der Landstraße. Der Gegenverkehr war recht belebt. Auf unserer Spur war genau das Gegenteil - Leere. Wir waren die einzigen.
2 runde Lichter kamen plötzlich aus dem Gegenverkehr hervor. War das ein Auto? Bin ich vielleicht versehentlich schon auf die Autobahn aufgefahren und in den Gegenverkehr geraten? Ich schaute auf das Navigationsgerät, dieses zeigte mir an, dass ich erst in 1,2 km auf die Autobahn auffahren musste. Ich sage vor mich hin: "Das Auto ist auf unserer Seite, das Auto ist auf unserer Seite" Meine Frau, die kurz eingeschlafen war, schrak auf. Ich konnte nicht ausweichen.

Rechts war ein Abgrund - links der Gegenverkehr - vor mir ein Auto, das auf uns zuraste.

Wir konnten nichts mehr machen und waren dem Schicksal ausgeliefert. Immer näher und näher raste das Auto auf uns zu. Kurz vor dem Aufprall bemerkte der andere Autofahrer, dass er falsch fährt, und wollte noch ablenken – zu spät. Mit voller Wucht schlug er auf die rechte Seite unsers Autos ein.
Unser Auto wurde meterweit über die Straße geschliffen. Das andere Auto schleuderte in die andere Richtung
von uns weg.

Das erste an das ich mich erinnern konnte war, dass wir in unseren Sitzen saßen und nichts mehr sagten. Rauch stieg vor dem Auto auf. Was einst noch eine lange Motorhaube war, war nun ein Stück zusammengequetschtes Blech. Mir tat alles weh, Füße, Nacken, Brustbereich. Meine Frau schaute voller Sorge, ob ich noch alles bewegen konnte. Wie durch ein Wunder hatte sie nur einen Schock. Ich spürte alles - und es tat weh. Ich dachte mir "Das ist ein Mietauto, was mache ich - ich bin in Italien und kann fast kein italienisch".
Im anderen Auto saßen 5 Leute - die Motorhaube gab es nicht mehr.
Wenn ich nun den Notruf wähle, was sage ich dann? Ich hatte schon einmal die Erfahrung gemacht, dass man hier nur italienisch spricht.
Nicht einmal englisch wird mir helfen. Ich war verzweifelt. Meine Frau und ich hofften auf Hilfe. Aber die Autos fuhren an uns vorbei. In Gedanken beteten wir zu Gott.

Ich rief meinen Bruder an und erzählte ihm unter Schock was passiert war. Er beruhigte mich und sagte mir, dass er alles organisiert und uns jemand abholen wird.
Ich schaute aus der Fahrertüre uns sah einen anderen BMW Fahrer, der langsam fuhr und vor uns stehen blieb. Ich konnte es nicht glauben. Er hatte ein italienisches Autokennzeichen. Er kam und sprach mit uns - ich konnte ihn verstehen - er konnte deutsch. Er kam aus Südtirol und dort spricht man deutsch. Meine Frau und ich, wir waren erleichtert.

Diesen Mann schickte uns jemand - jemand der nicht wollte, dass wir alleine sind.

Er rief den Notruf und kümmert sich um uns und das Auto. Schrieb den Unfallbericht mit dem anderen Autofahrer, der so wie alle weiteren 5 Insassen fast unverletzt geblieben war, obwohl das Auto nur noch Blech war.

Nach langer Zeit kam dann auch der Notarzt und befreite mich aus dem Auto. Der Helfer übersetzte und beruhigte meine Frau und vor allem mich. Da meine Frau nicht mit dem Rettungswagen mitfahren konnte, beschloss er, sie ins Krankenhaus zu fahren.
Dort bleib er noch ein paar Stunden, um mit den Ärzten und den Polizisten zu sprechen, und um mir zu übersetzen.

Mit dieser Geschichte will ich zeigen, dass für uns alle von der einen auf die andere Sekunde alles aus sein kann. Wenn ich daran denke, wo wir nun wären, wenn wir mit dem Smart Auto die Reise angetreten hätten - ich glaube hier auf Erden wären wir nicht mehr.
Und obwohl ein schlimmes Ereignis passiert ist, gab es wunderschöne Momente und Dinge die man, wenn ich es mir vorher mir so vorgestellt hätte, völlig unglaubwürdig für mich gewesen wären. Uns wurde in diesen Minuten so oft geholfen. Wir wurden nicht alleine gelassen -
man muss nur daran glauben und bitten. Wer den Glauben verliert - egal an was jeder für sich persönlich glaubt - hat viel mehr als seinen Glauben verloren…
…er hat das Leben verloren.

Ich bin meinen Schutzengeln sehr dankbar für das was sie in diesen Augenblicken alles geleistet haben und einer dieser Schutzengel war unser Helfer aus Meran in Südtirol. Danke.

Diesen Unfall kann ich negativ sehen und mich ärgern und schimpfen, warum das ausgerechnet mir passiert ist - oder ich nehme das als (Lebens-) Lehre mit, und sehe das Wunderbare, das mir und uns hier passiert ist, dass wir so viele Schutzengel hatten, die auf uns aufgepasst haben.

Jeder Moment in unserem Leben kann der letzte Augenblick sein - Genießt jede Sekunde und seit dankbar für das was wir haben.

Seht das Schöne, das euch passiert. Und speichert diese Momente ganz fest in euren Herzen.

-6-

Die Augenblicke der Werte

"Das ist mir Wichtig und Bedeutsam. Auf das will ich nicht verzichten!"

Ist uns der Wert, der hinter dem Wort "Wichtig (keit)" und
"Bedeutsam (keit)" steckt, bewusst? Was ist für uns Wichtigkeit und Bedeutsamkeit im Leben? Diese Werte müssen wir in uns hervorrufen und begreifen, welche Wirkung sie in uns auslösen.

Ist es das viele Geld, das wir einmal besitzen wollen? Ist es das tolle und schnelle Auto? Ist es der Traumjob? Oder ist es der Mensch der dich begleitet, der Sonnenstrahl, der zart auf deinem Gesicht kitzelt.
Jeder von uns hat Werte, und jeder von uns legt auf Sachen wert, die ihm viel bedeuten. Ist aber jede Sache auch an Bedeutung wert?

Konzentrieren wir uns nicht oft auf den falschen Wert und stecken unsere ganze Energie dahin, und am Ende merken wir, das wir am Ende sind, ohne Energie und die Sache, auf die wir unseren Wert gesetzt haben, es eigentlich gar nicht wert war? Passiert es ihnen nicht oft, dass Sie in ihren Job alles hinein stecken. Jede freie Minute - jeden Gedanken - jede Energie, die sie noch besitzen. Und am Ende ...?
Am Ende blieb vieles andere auf der Strecke ihres Lebens liegen - Sachen die sie als selbstverständlich gesehen haben - Familie, Freunde - die Liebe …

Ist es das Wert?

Man kann nicht immer erkennen, ob es richtig ist, wo man den Wert und seine Energie einsetzt. Wenn wir uns aber besinnen, welche Werte in unserem Innersten wichtig sind, dann können wir den wirklichen Wert erkennen.

Was nützt es im Job erfolgreich zu sein, wenn die Familie auf der Strecke bleibt, und sie nicht sehen, wie ihr Kinder groß werden und ihre Frau verletzt ist, weil sie nicht da sind.
Uns wird der Wert immer erst dann bewusst, wenn wir etwas verlieren - dann ist es zu spät, und wir können nur dem nachtrauern, was wir gerne gewollt hätten. Die Zeit können wir nicht mehr zurückdrehen.
Jeder Augenblick in unserem Leben ist wertvoll. Die Aufgabe ist es, den richtigen Wert in unserem Leben für sich zu finden - den Wert der uns glücklich macht. Gehen Sie ganz tief in sich hinein – gehen Sie ganz tief in ihr Unterbewusstes.

Holen Sie sich einen Menschen in ihr Bewusstsein,
der ganz persönlich momentan in ihrem Leben sehr wichtig ist.
Stellen Sie sich diese Person vor.
Spüren Sie deren Anwesenheit und fühlen Sie die Nähe und die Wärme, die sie ganz in ihrem Inneren einfängt?

Schauen Sie diesem Menschen ganz tief in die Augen und nehmen Sie alles war. Seine Haare, die Gesichtszüge, seine Stimme , …

Gehen Sie nun auf diesen Menschen zu und umarmen Sie ihn mit ihrer ganzen Liebe. Nehmen Sie wahr, wie es sich anfühlt, diesen Menschen zu berühren. Wie es sich anfühlt, seine Nähe zu spüren.
Sprechen Sie mit dieser Person - sagen Sie ihr etwas ganz Persönliches, das ihnen schon lange am Herzen liegt. Nehmen Sie ihre Stimme wahr was sie ihnen antwortet.

Behalten sie dieses Gefühl, und speichern sie es auf ihrem ganz persönlichen Ort ab. So, dass sie jederzeit dieses Gefühl wieder herholen können.

Wenn Sie dieses wunderschöne Gefühl für sich abgespeichert haben, werden Sie wieder ruhig und besinnen sich auf das Hier und Jetzt. Stellen Sie sich nun vor, dass es das letzte Mal war, dass Sie diesen Menschen gesehen haben, dass sie ihn das letzte Mal umarmt haben, und dass es das letzte Mal war, die Stimme dieses Menschen gehört zu haben.
Stellen Sie sich vor, Sie werden nie wieder diesen, Menschen sehen können ...

Was wird nun in ihnen erweckt?
Welche Gefühle steigen in ihnen hoch?
Nehmen Sie alles, was sie jetzt fühlen, wahr.

Und nun konzentrieren Sie sich auf diese Buchstaben - konzentrieren Sie sich auf meine Worte und folgen Sie ihnen.

Der Mensch, an den Sie denken, ist noch nicht weg. Es waren ihre Gedanken, die ihn weggehen ließen. Dieser Mensch ist aber noch bei ihnen und Sie haben jetzt die Möglichkeit, diesem Menschen den Wert zu geben, den Sie ihm geben wollen.

Und nun kommen Sie aus ihren Gefühlen wieder in das

        H I E R und J E T Z T.

Nehmen Sie ihre Umwelt wahr - jedes Geräusch.
Sie spüren sich – jeden Finger und jeden Zeh.
Sie sind nun voll und ganz wieder hier.

Stehen Sie nun auf und strecken Sie sich so richtig durch.
Holen Sie ganz tief Luft und atmen Sie diese ganz intensiv wieder aus.

Machen Sie es   J E T Z T !

Ein Mensch kann von der einen auf die andere Sekunde einfach weg sein. Oft hat man nicht einmal mehr die Möglichkeit, seine Stimme noch einmal zu hören - ihn zu fühlen - sein Lachen wahr zu nehmen. Nützen Sie die Chance, die sie haben, und legen Sie ihren Wert auf die Dinge, die ihnen in ihrem Innersten wertvoll sind - die ihnen Wichtig und Bedeutsam sind.

Glauben Sie mir, es kann oft so schnell gehen, dass ein Mensch weg ist, und wir nicht mehr die Chance haben, seine Persönlichkeit zu hören und zu spüren, und alles was ihn ausgemacht hat.

Fangen Sie jetzt an, die Zeit zu nutzen. Starten Sie jetzt mit diesem Menschen in die Zukunft. Nehmen Sie ganz bewusst alles wahr, was diesen Menschen ausmacht, und speichern Sie es für sich ab.

Nutzen Sie die Möglichkeit, diesen Menschen noch alles zu fragen - sein Wissen aufzunehmen. Mit ihm zu lachen, und mit ihm zu weinen. Seine Geschichten anzuhören auch wenn Sie diese schon hundertmal gehört haben.
Erzählen Sie ihm von ihrem Leben und akzeptieren Sie auch seine Ratschläge - seine Zweifel - seine Wünsche, die er ihnen mitgeben will.

Nehmen Sie diesen Menschen
in ihre höchste Wertigkeit auf.

Sie haben JETZT die Möglichkeit -
Später ist es vielleicht zu spät.

-7-

***Die Augenblicke
der Gedichte und Gedanken***

***

Genieße dein Leben

Es war einmal ein Ehepaar, das einen 12jährigen Sohn und einen Esel hatte. Sie beschlossen zu verreisen, zu arbeiten und die Welt kennenzulernen.
Zusammen mit ihrem Esel zogen sie los.

Im ersten Dorf hörten sie, wie die Leute redeten: "Seht Euch den Bengel an, wie schlecht er erzogen ist... er sitzt auf dem Esel und seine armen Eltern müssen laufen."

Also sagte die Frau zu ihrem Mann: "Wir werden nicht zulassen, dass die Leute schlecht über unseren Sohn reden."

Der Mann holte den Jungen vom Esel und setzte sich selbst darauf.

Im zweiten Dorf hörten sie die Leute folgendes sagen: "Seht Euch diesen unverschämten Mann an...
er lässt Frau und Kind laufen, während er sich vom Esel tragen lässt."

Also ließen sie die Mutter auf das Lastentier steigen und Vater und Sohn führten den Esel.

Im dritten Dorf hörten sie die Leute sagen: "Armer Mann! Obwohl er den ganzen Tag hart gearbeitet hat, lässt er seine Frau auf dem Esel reiten.

Und das arme Kind hat mit so einer Rabenmutter sicher auch nichts zu lachen!"

Also setzten sie ihre Reise zu dritt auf dem Lastentier fort.

Im nächsten Dorf hörten sie die Leute sagen: "Das sind ja Bestien im Vergleich zu dem Tier, auf dem sie reiten. Sie werden dem armen Esel den Rücken brechen!"
Also beschlossen sie, alle drei neben dem Esel herzugehen.
Im nächsten Dorf trauten sie ihren Ohren nicht, als sie die Leute sagen hörten: "Schaut euch die drei Idioten mal an. Sie laufen, obwohl sie einen Esel haben, der sie tragen könnte!"

Fazit:
Die anderen werden dich immer kritisieren und über dich lästern, und es ist nicht einfach, jemanden zu treffen, der dich so akzeptiert wie du bist.

Deshalb:

Leb so, wie du es für richtig hältst
und geh, wohin dein Herz dich führt...
Das Leben ist ein Theaterstück ohne vorherige Proben.

Darum:

singe, lache, tanze und liebe...
und lebe jeden einzelnen Augenblick deines Lebens...
bevor der Vorhang fällt und das Theaterstück ohne
Applaus zu Ende geht.
(Charlie Chaplin)

(Die Herkunft dieser Geschichte ist unbekannt)

***

Mami, warum?

Ich ging zu einer Party, Mami,
und dachte an deine Worte.
Du hattest mich gebeten, nicht zu trinken,
und so trank ich keinen Alkohol.

Ich fühlte mich ganz stolz, Mami,
genauso, wie du es vorhergesagt hattest.
Ich habe vor dem Fahren nichts getrunken, Mami,
auch wenn die anderen sich mokierten.

Ich weiß, dass es richtig war, Mami,
und dass du immer recht hast.
Die Party geht langsam zu Ende, Mami,
und alle fahren weg.

Als ich in mein Auto stieg, Mami,
wusste ich,
dass ich heil nach Hause kommen würde:
aufgrund Deiner Erziehung –
so verantwortungsvoll und fein.

Ich fuhr langsam an, Mami,
und bog in die Straße ein.
Aber der andere Fahrer sah mich nicht,
und sein Wagen traf mich mit voller Wucht.

Als ich auf dem Bürgersteig lag, Mami,
hörte ich den Polizisten sagen,
der andere sei betrunken.
Und nun bin ich diejenige,
die dafür büßen muss.

Ich liege hier im Sterben, Mami,
ach bitte, komm' doch schnell.
Wie konnte mir das passieren?
Mein Leben zerplatzt wie ein Luftballon.

Ringsherum ist alles voll Blut, Mami,
das meiste ist von mir.
Ich höre den Arzt sagen, Mami,
dass es keine Hilfe mehr für mich gibt.

Ich wollte dir nur sagen, Mami,
ich schwöre es,
ich habe wirklich nichts getrunken.
Es waren die anderen, Mami,
die haben einfach nicht nachgedacht.

Er war wahrscheinlich
auf der gleichen Party wie ich, Mami.
Der einzige Unterschied ist nur:
Er hat getrunken,
und ich werde sterben.

Warum trinken die Menschen, Mami?
Es kann das ganze Leben ruinieren.

Ich habe jetzt starke Schmerzen,
wie Messerstiche so scharf.
Der Mann, der mich angefahren hat, Mami,
läuft herum,
und ich liege hier im Sterben.
Er guckt nur dumm.

Sag' meinem Bruder,
dass er nicht weinen soll, Mami.
Und Papi soll tapfer sein.
Und wenn ich dann im Himmel bin, Mami,
schreibt "Papis Mädchen" auf meinen Grabstein.

Jemand hätte es ihm sagen sollen, Mami,
nicht trinken und dann fahren.
Wenn man ihm das gesagt hätte, Mami,
würde ich noch leben.

Mein Atem wird kürzer, Mami,
ich habe große Angst.
Bitte, weine nicht um mich, Mami.
Du warst immer da, wenn ich dich brauchte.

Ich habe nur noch eine letzte Frage, Mami,
bevor ich von hier fortgehe:
Ich habe nicht vor dem Fahren getrunken,
warum bin ich diejenige, die sterben muss?

Dieser Text in Gedichtform war an der Springfield High School (Springfield, VA, USA) in Umlauf, nachdem eine Woche zuvor zwei Studenten bei einem Autounfall getötet worden waren.

***

Das Glas des Lebens

Ein alter Mann zeigte mir ein leeres Glas
und füllte es mit Steinen.
Danach fragte er mich ob das Glas voll sei.
Ich stimmte ihm zu.
Er nahm eine Schachtel mit Kieselsteinen aus seiner Tasche
und schüttete diese in das Glas.
Natürlich rollten sie in die Zwischenräume.
Wieder fragte er mich ob das Glas nun voll sei.
Lächelnd sagte ich ja.

Der Alte seinerseits nahm nun wieder eine Schachtel.
Diesmal war es Sand.
Er schüttete diesen in das Glas
und auch der verteilte sich in den Zwischenräumen.
Nun sagte der alte Mann:
„Ich möchte, dass Du erkennst,
dass dieses Glas wie dein Leben ist.
Die großen Steine sind die wichtigen Dinge im Leben,
wie zum Beispiel Deine Liebe, Deine Familie,
Deine Gesundheit.
Also Dinge, die, wenn alle anderen wegfielen und nur Du übrig bleibst,
dein Leben immer noch erfüllen würden.

Die Kiesel sind andere,
weniger wichtige Dinge,
wie zum Beispiel Deine Arbeit, Dein Haus, Dein Auto.

Der Sand symbolisiert die ganz kleinen Dinge im Leben.
Wenn Du den Sand zuerst in das Glas füllst,
bleibt kein Raum für die Kieselsteine und die großen Steine.
So ist es auch in Deinem Leben.

Wenn du all Deine Energie für die kleinen Dinge
im Leben aufwendest,
hast Du für die großen keine mehr.

Nimm Dir Zeit für die Liebe und Deine Familie,
achte auf Deine Gesundheit,
es wird noch genug Zeit geben für Arbeit, Haushalt usw.

Achte zuerst auf die großen Steine,
denn sie sind es die wirklich zählen...

Der Rest ist nur Sand.

(Die Herkunft dieser Geschichte ist unbekannt)

***

Andere glücklich machen

Zwei Herren, beide ernsthaft erkrankt,
belegten dasselbe Krankenzimmer.
Einer der Herren hatte die Erlaubnis,
sich jeden Nachmittag für eine Stunde aufzusetzen,
damit die Flüssigkeit
aus seiner Lunge abfließen konnte.
Sein Bett stand am einzigen Fenster des Raumes.
Der andere Herr musste die ganze Zeit
flach auf dem Rücken liegen.

Letztendlich unterhielten sich die beiden
Männer stundenlang.
Sie sprachen von ihren Frauen und Familien,
ihrer Heimat, ihren Jobs, ihrem Militärdienst
und wo sie im Urlaub waren.

Jeden Nachmittag,
wenn der Herr im Bett am Fenster
sich aufrecht hinsetzte,
ließ er die Zeit vergehen,
indem er seinem Zimmernachbarn
all die Dinge beschrieb,
die er draußen am Fenster sah.

Der Herr im anderen Bett begann aufzuleben
in jeder dieser Stunden,
wo seine Welt erweitert
und belebt wurde durch all die Geschehnisse und Farben
der Welt dort draußen.

Das Fenster überblickte einen Park
mit einem schnuckeligen See.
Enten und Schwäne spielten auf dem Wasser
während Kinder ihre Modellboote segeln ließen.
Junge Verliebte bummelten Arm in Arm
durch die unzählig bunten Blumen
und eine schöne Aussicht auf die Silhouette
der Stadt lag am Horizont.

Wenn der Herr am Fenster all dies beschrieb
mit allen kleinsten Details,
schloss der Herr auf der anderen Seite im Raum
die Augen und stellte sich die bildhaften Szenen vor.

An einem warmen Nachmittag beschrieb der Mann am Fenster eine vorüberziehende Parade. Obwohl der andere Herr die Kapelle nicht hören konnte, konnte er sie vor seinem geistigen Auge sehen, während der Herr am Fenster sie mit anschaulichen Worten beschrieb.

Tage, Wochen und Monate vergingen.

Eines Morgens, die Tagschwester kam um Wasser für das Bad zu bringen, fand sie den leblosen Körper des Herrn am Fenster, der friedvoll in seinem Schlaf verstorben ist.

Nach einer angemessenen Weile fragte der andere Herr, ob man ihn ans Fenster verlegen könnte.
Langsam, schmerzvoll stützte er sich auf einen Ellenbogen um seinen ersten Blick auf die echte Welt draußen zu richten.
Er strengte sich an, sich langsam zu drehen um aus dem Fenster am Bett zu gucken. Es zeigte auf eine leere Wand.

Der Mann fragte die Schwester, was seinen verstorbenen Zimmernachbarn veranlasst hatte, ihm so wundervolle Dinge von draußen vor dem Fenster zu erzählen. Die Schwester erwiderte, dass der Herr blind war und nicht einmal die Wand sehen konnte.

Sie sagte 'Vielleicht wollte er Sie nur aufmuntern.'

Es ist eine riesige Freude, andere glücklich zu machen, ungeachtet unserer eigenen Situation.

Geteiltes Leid ist halbes Leid, doch Freude, wenn geteilt, ist doppelte Freude.

Wenn Du Dich reich fühlen möchtest, zähle all die Dinge, die man für Geld nicht kaufen kann.

'Heute' ist ein Geschenk, deshalb nennt man es 'the present'.

(Die Herkunft dieser Geschichte ist unbekannt)

***

Das perfekte Herz

Eines Tages stand ein junger Mann mitten in der Stadt und erklärte, dass er das schönste Herz im ganzen Tal habe. Eine große Menschenmenge versammelte sich und sie alle bewunderten sein Herz,
denn es war perfekt.
Es gab keinen Fleck oder Fehler in ihm. Ja, sie gaben ihm Recht, es war wirklich das schönste Herz, das sie je gesehen hatten. Der junge Mann war sehr stolz und prahlte noch lauter über sein schönes Herz.

Plötzlich tauchte ein alter Mann
vor der Menge auf und sagte:
„Nun, Dein Herz ist nicht mal annähernd
so schön, wie meines!"
Die Menschenmenge und der junge Mann schauten das Herz des alten Mannes an. Es schlug kräftig, aber es war voller Narben, es hatte Stellen, wo Stücke entfernt und durch andere ersetzt worden waren. Aber sie passten nicht richtig und es gab einige ausgefranste Ecken...genau gesagt an einigen Stellen waren tiefe Furchen,
wo ganze Teile fehlten.

Die Leute starrten den alten Mann an: Wie kann er behaupten, dass sein Herz schöner sei?

Der junge Mann schaute auf des alten Mannes Herz, sah
dessen Zustand und lachte: „Du musst scherzen", sagt er,
„Dein Herz mit meinem zu vergleichen.
Meines ist perfekt und Deines ist ein Durcheinander
aus Narben und Tränen."
„Ja", sagte der alte Mann,
„Deines sieht perfekt aus, aber ich würde niemals
mit Dir tauschen.
Jede Narbe steht für einen Menschen,
dem ich meine Liebe gegeben habe.
Ich reiße ein Stück meines Herzens heraus
und reiche es ihnen und oft geben sie mir ein Stück
ihres Herzens, das in die leere Stelle
meines Herzens passt.
Aber weil die Stücke nicht genau sind, habe ich einige
raue Kanten, die ich aber sehr schätze.
Denn sie erinnern mich an die Liebe, die wir teilten.

Manchmal habe ich auch ein Stück
meines Herzens gegeben, ohne dass mir der Andere ein
Stück seines Herzens zurückgegeben hat.
Das sind die leeren Furchen. Liebe geben heißt manchmal
ein Risiko einzugehen.
Auch wenn diese Furchen schmerzhaft sind,
bleiben sie offen und auch sie erinnern mich an die Liebe,
die ich für diesen Menschen empfinde.
Ich hoffe, dass sie eines Tages zurückkehren
und den Platz ausfüllen werden.
Erkennst Du jetzt, was wahre Schönheit ist?"

Der junge Mann stand still da und Tränen rannen über
seine Wangen. Er ging auf den alten Mann zu,
griff nach seinem perfekten Herz
und riss ein Stück heraus.
Er bot es dem alten Mann mit zitternden Händen an.
Dieser nahm das Angebot an
und setzte es in sein Herz.
Er nahm dann ein Stück seines alten Herzens
und füllte damit die Wunde
in des jungen Mannes Herz.
Es passte nicht perfekt,
da es einige ausgefranste Ränder hatte.

Der junge Mann sah sein Herz an, nicht mehr perfekt,
aber schöner als je zuvor, denn er spürte die Liebe des
alten Mannes in seinem Herzen fließen. Sie umarmten
sich und gingen weg. Seite an Seite.

Narben auf dem Körper bedeuten,
dass man gelebt hat...

Narben auf der Seele bedeuten, dass man geliebt hat...

(Die Herkunft dieser Geschichte ist unbekannt)

***

Unterschied

Als der alte Mann bei Sonnenuntergang den Strand entlang ging, sah er vor sich einen
jungen Mann, der Seesterne aufhob und ins Meer warf.
Nachdem er ihn eingeholt hatte, fragte er ihn, warum er das denn tue.
Da sagte der junge Mann: "Die Seesterne
werden sterben, wenn sie bis Sonnenaufgang hier liegenbleiben müssen."
"Aber der Strand ist viele Meilen lang, und Tausende von Seesternen liegen hier", sagte der Alte.
"Was macht das also für einen Unterschied,
wenn du dich hier abmühst?"
Der junge Mann blickte auf den Seestern in seiner Hand und warf ihn in die rettenden Wellen.

Dann meinte er: "Für diesen hier, macht es einen!"

(Die Herkunft dieser Geschichte ist unbekannt)

***

Ein gewaltiges Kapital ist uns anvertraut

Stell dir vor, du hast bei einem Wettbewerb folgenden Preis gewonnen: jeden Morgen stellt dir die Bank 864,00 € auf deinem Bankkonto zur Verfügung. Dieses Spiel hat jedoch gewisse Bedingungen, so wie jedes Spiel bestimmte Regeln hat.

Die erste Regel ist:

Alles was du im Laufe des Tages nicht ausgegeben hast, wird dir wieder weggenommen, du kannst das Geld nicht einfach auf ein anderes Konto überweisen oder einen Kredit abzahlen, du kannst es nur ausgeben. Aber jeden Morgen, wenn du erwachst, eröffnet dir die Bank ein neues Konto mit neuen 864,00 € für den neuen Tag.

Zweite Regel:

Die Bank kann das Spiel ohne Vorwarnung beenden, zu jeder Zeit kann sie sagen: Es ist vorbei.
Das Spiel ist aus. Sie kann das Konto schließen und du bekommst kein neues mehr.

Was würdest du mit deinem Preis tun?

Große Träume könntest du dir damit nicht erfüllen.

Für ein Haus, eine Weltreise oder ein tolles Auto reicht es nicht. Auch den Hunger und die Armut in der Welt könntest du damit nicht beseitigen.
Würdest du dir alle möglichen Kleinigkeiten kaufen, die du möchtest? Nicht nur für dich selbst, auch für andere Menschen - vielleicht sogar für Menschen, die du gar nicht kennst, da du nach kurzer Zeit die Nase voll hättest, das Geld für lauter Kleinigkeiten auszugeben?
Oder - Würdest du versuchen, jeden Cent auszugeben und ihn für dich selbst zu nutzen?

Eigentlich ist dieses Spiel die Realität!

Jeder von uns hat so eine „magische Bank".
Wir sehen das nur nicht. Die magische Bank ist die Zeit. Jeden Morgen, wenn wir aufwachen, bekommen wir 86.400 Sekunden Leben = 86.400 Cent für den Tag geschenkt und wenn wir am Abend einschlafen, wird uns die übrige Zeit nicht gutgeschrieben.

Was wir an diesem Tag nicht gelebt haben, ist verloren, für immer verloren, das Gestern ist
vergangen. Jeden Morgen beginnt sich das Konto neu zu füllen, aber die Bank kann das Konto jederzeit auflösen. Ohne Vorwarnung.

Was also machst du mit deinen täglichen 86.400 Sekunden?

Cathy Hainer – Journalistin der Zeitung USA - TODAY – die mit 38 Jahren an Krebs verstarb,
gibt uns da einen Tipp: "Für Genüsse, die uns gegönnt waren, die wir aber versäumt haben, werden wir uns später verantworten müssen. Lieber die Tage mit Leben füllen - als das Leben mit Tagen."
Ich würde sagen: Das Glück liegt nicht in deinem Tun, sondern in dem, was Gott dir täglich schenkt – dein Essen, dein Trinken, deine Zeit. Freu dich darüber und lass andere an dieser Freude teilhaben.
Das Leben kann jederzeit zu Ende sein....
Was machst du also mit deinen täglichen 86400 Sekunden???
Sind sie nicht viel mehr wert
als die gleiche Menge in Euro?

Überlege doch einmal, du möchtest begreifen, was ein Jahr bedeutet, du denkst dir ein Jahr ist eine lange Zeit, doch es kommen viele Jahre,
es beginnt immer wieder ein neues....

Doch frag einen Studenten, der durch das Examen gefallen ist...

Was ist ein Monat? Es gibt so viele davon...
Frag eine Mutter, die eine Frühgeburt hatte und jetzt darauf wartet, ihr Kind in die Arme nehmen zu können...

eine Woche? Was ist schon eine Woche?
Frage einen Mann, der hart arbeitet um seine Familie zu ernähren...

Ein Tag?
Frag zwei Verliebte, die das nächste Wiedersehen nicht erwarten können....

Eine Sekunde?
Was ist eine lächerliche Sekunde?
Sieh dir den Gesichtsausdruck eines Menschen an, der eben um ein Haar einem Autounfall entkommen ist...

Und was ist mit dem Bruchteil einer Sekunde?
Was ist das schon?
Frag einen Sportler, der bei den olympischen Spielen Silber gewonnen hat und nicht Gold, wofür er jahrelang trainiert hat.

Ist dir nicht der Wert jedes einzelnen Momentes bewusst? Also denke immer daran, jede Sekunde kann entscheidend sein, also fang an dein Leben zu leben, bevor dein Konto für immer gesperrt wird!

(Die Herkunft dieser Geschichte ist unbekannt)

***

Die guten Seiten eines Menschen

Eines Tages bat eine Lehrerin ihre Schüler,
die Namen aller anderen Schüler in der Klasse auf ein
Blatt Papier zu schreiben und ein wenig Platz neben den
Namen zu lassen. Dann sagte sie zu den Schülern,
sie sollten überlegen, was das Netteste ist,
dass sie über jeden ihrer Klassenkameraden sagen
können und das sollten sie neben die Namen schreiben.
Es dauerte die ganze Stunde,
bis jeder fertig war und bevor sie
den Klassenraum verließen, gaben sie ihre Blätter der
Lehrerin. Am Wochenende schrieb die Lehrerin jeden
Schülernamen auf ein Blatt Papier und daneben die Liste
der netten Bemerkungen, die ihre Mitschüler über den
einzelnen aufgeschrieben hatten.
Am Montag gab sie jedem Schüler seine oder ihre Liste.
Schon nach kurzer Zeit lächelten alle. "Wirklich?", hörte
man flüstern "Ich wusste gar nicht, dass ich
irgendjemandem was bedeute!" und "Ich wusste nicht,
dass mich andere so mögen", waren die Kommentare.
Niemand erwähnte danach die Listen wieder.
Die Lehrerin wusste nicht, ob die Schüler sie
untereinander oder mit ihren Eltern diskutiert hatten,
aber das machte nichts aus. Die Übung hatte ihren Zweck
erfüllt. Die Schüler waren glücklich mit sich
und mit den anderen.

Einige Jahre später war einer der Schüler in Vietnam
gefallen und die Lehrerin ging zum Begräbnis dieses
Schülers. Die Kirche war überfüllt mit vielen Freunden.
Einer nach dem anderen, der den jungen Mann geliebt
oder gekannt hatte, ging am Sarg vorbei
und erwies ihm die letzte Ehre.
Die Lehrerin ging als letzte und betete vor dem Sarg.
 Als sie dort stand, sagte einer der Soldaten, die den Sarg
trugen, zu ihr: "Waren Sie Marks Mathe Lehrerin?"
Sie nickte: "Ja".
Dann sagte er: "Mark hat sehr oft
von Ihnen gesprochen."

Nach dem Begräbnis waren die meisten von Marks
früheren Schulfreunden versammelt.
Marks Eltern waren auch da und sie warteten offenbar
sehnsüchtig darauf, mit der Lehrerin zu sprechen.
 "Wir wollen Ihnen etwas zeigen", sagte der Vater und zog
eine Geldbörse aus seiner Tasche.
"Das wurde gefunden, als Mark gefallen ist.
Wir dachten, Sie würden es erkennen.

"Aus der Geldbörse zog er ein stark abgenutztes Blatt,
das offensichtlich zusammengeklebt, viele Male gefaltet
und auseinandergefaltet worden war.
Die Lehrerin wusste ohne hinzusehen, dass dies eines der
Blätter war, auf denen die netten Dinge standen,
die seine Klassenkameraden über Mark geschrieben
hatten. "Wir möchten Ihnen so sehr dafür danken, dass
Sie das gemacht haben", sagte Marks Mutter.
"Wie Sie sehen können, hat Mark das sehr geschätzt."

Alle früheren Schüler versammelten sich um die Lehrerin.

Charlie lächelte ein bisschen und sagte: "Ich habe meine Liste auch noch. Sie ist in der obersten Lade in meinem Schreibtisch". Chucks Frau sagte:
"Chuck bat mich, die Liste in unser Hochzeitsalbum zu kleben." "Ich habe meine auch noch", sagte Marilyn. "Sie ist in meinem Tagebuch." Dann griff Vicki, eine andere Mitschülerin, in ihren Taschenkalender und zeigte ihre abgegriffene und ausgefranste Liste den anderen. "Ich trage sie immer bei mir", sagte Vicki und meinte dann: "Ich glaube, wir haben alle die Listen aufbewahrt." Die Lehrerin war so gerührt, dass sie sich setzen musste und weinte. Sie weinte um Mark und für alle seine Freunde, die ihn nie mehr sehen würden.

Im Zusammenleben mit unseren Mitmenschen vergessen wir oft, dass jedes Leben eines Tages enden wird und dass wir nicht wissen, wann dieser Tag sein wird. Deshalb sollte man den Menschen, die man liebt und um die man sich sorgt, sagen, dass sie etwas Besonderes und Wichtiges sind. Sag es ihnen, bevor es zu spät ist.

(unbekannter Verfasser aus USA)

***

Arme Leute

Eines Tages nahm ein Mann seinen Sohn mit aufs Land, um ihm zu zeigen, wie arme Leute leben. Vater und Sohn verbrachten einen Tag und eine Nacht auf einer Farm einer sehr armen Familie.
Als sie wieder zurückkehrten, fragte der Vater seinen Sohn: "Wie war dieser Ausflug?"
"Sehr interessant!" antwortete der Sohn.
"Und hast du gesehen,
wie arm Menschen sein können?"
"Oh ja, Vater, das habe ich gesehen."
"Was hast du also gelernt?" fragte der Vater.
Und der Sohn antwortete: "Ich habe gesehen, dass wir einen Hund haben und die Leute auf der Farm haben vier. Wir haben einen Swimmingpool, der bis zur Mitte unseres Gartens reicht, und sie haben einen See, der gar nicht mehr aufhört. Wir haben prächtige Lampen in unserem Garten und sie haben die Sterne. Unsere Terrasse reicht bis zum Vorgarten und sie haben den ganzen Horizont."
Der Vater war sprachlos.
Und der Sohn fügte noch hinzu: "Danke Vater, dass du mir gezeigt hast, wie arm wir sind."

(Die Herkunft dieser Geschichte ist unbekannt)

***

Das Geheimnis der Zufriedenheit

Es kamen einmal ein paar Suchende
zu einem alten Zenmeister.

"Herr", fragten sie "was tust du, um glücklich
und zufrieden zu sein?
Wir wären auch gerne so glücklich wie du."
Der Alte antwortete mit mildem Lächeln: "Wenn ich liege,
dann liege ich. Wenn ich aufstehe, dann stehe ich auf.
Wenn ich gehe, dann gehe ich und wenn ich esse,
dann esse ich."

Die Fragenden schauten etwas betreten in die Runde.
Einer platzte heraus: "Bitte, treibe keinen Spott mit uns.
Was du sagst, tun wir auch.
Wir schlafen, essen und gehen. Aber wir sind nicht
glücklich. Was ist also dein Geheimnis?"

Es kam die gleiche Antwort: "Wenn ich liege, dann liege
ich. Wenn ich aufstehe, dann stehe ich auf. Wenn ich
gehe, dann gehe ich und wenn ich esse, dann esse ich."

Die Unruhe und den Unmut der Suchenden spürend fügte
der Meister nach einer Weile hinzu: "Sicher liegt auch Ihr
und Ihr geht auch und Ihr esst. Aber während Ihr liegt,
denkt Ihr schon ans Aufstehen. Während Ihr aufsteht,
überlegt Ihr wohin Ihr geht und während Ihr geht, fragt
Ihr Euch, was Ihr essen werdet.

So sind Eure Gedanken ständig woanders und nicht da, wo Ihr gerade seid.
In dem Schnittpunkt zwischen Vergangenheit und Zukunft findet das eigentliche Leben statt.
Lasst Euch auf diesen nicht messbaren Augenblick ganz ein und Ihr habt die Chance, wirklich glücklich und zufrieden zu sein."

(Die Herkunft dieser Geschichte ist unbekannt)

***

Gibt es ein Leben nach der Geburt

Ein ungeborenes Zwillingspärchen unterhält sich im Bauch seiner Mutter.
"Sag mal, glaubst du eigentlich an ein Leben nach der Geburt?" fragt der eine Zwilling.
"Ja auf jeden Fall! Hier drinnen wachsen wir und werden stark für das was draußen kommen wird." antwortet der andere Zwilling.
"Ich glaube, das ist Blödsinn!" sagt der erste.
"Es kann kein Leben nach der Geburt geben –
wie sollte das denn bitteschön aussehen?"
"So ganz genau weiß ich das auch nicht. Aber es wird sicher viel heller als hier sein. Und vielleicht werden wir herumlaufen und mit dem Mund essen?"
"So einen Unsinn habe ich ja noch nie gehört! Mit dem Mund essen, was für eine verrückte Idee. Es gibt doch die Nabelschnur, die uns ernährt. Und wie willst du herumlaufen? Dafür ist die Nabelschnur viel zu kurz."
"Doch, es geht ganz bestimmt.
Es wird eben alles nur ein bisschen anders."
"Du spinnst! Es ist noch nie einer zurückgekommen von 'nach der Geburt'.
Mit der Geburt ist das Leben zu Ende. Punktum."
"Ich gebe ja zu, dass keiner weiß, wie das Leben nach der Geburt aussehen wird. Aber ich weiß, dass wir dann unsere Mutter sehen werden
und sie wird für uns sorgen."

"Mutter??? Du glaubst doch wohl nicht an eine Mutter? Wo ist sie denn bitte?"

"Na hier – überall um uns herum. Wir sind und leben in ihr und durch sie. Ohne sie könnten wir gar nicht sein!"
"Quatsch! Von einer Mutter habe ich noch nie etwas bemerkt, also gibt es sie auch nicht."

"Doch, manchmal, wenn wir ganz still sind, kannst du sie singen hören. Oder spüren, wenn sie unsere Welt streichelt...."

Geschichte nach Henry Nouwen

- ganz persönliche Schlussworte -

Gedanken sind es, die für immer bleiben. Gedanken an einen Menschen, der so viel in meinem Leben war.

Als Kind und Jugendlicher sah ich oft nicht die Dinge die er mir zeigen und lehren wollte.
Oft kam es zu Konflikten, weil ich seine Anschauungen nicht verstehen wollte - es waren Anschauungen,
die nicht in mein Bild passten - es waren Anschauungen, die ich als Kind und Jugendlicher noch nicht begreifen konnte wie viel Wert diese Lehren für mich sind.
Als ich dann mit 17 Jahren beruflich 120km weg zog, und ich ihn nicht mehr jeden Tag sah –
sondern nur noch am Wochenende, wurde mir mit den Jahren immer klarer, wie viel er bedeutet.
Und so langsam kam der Gedanke, was sei, wenn er einmal nicht mehr da ist.
Solche Gedanken verwirft man aber gleich wieder, weil sie einfach nicht real sind.

Nach 8 Jahren zog ich dann noch weiter weg - über 850km. Eine Entfernung, die man nicht jedes Wochenende schaffen konnte.

So sah ihn nur noch 2-3mal im Jahr für jeweils rund 10 Tage wenn ich auf Urlaub kam.

Und jetzt begriff ich, welche Werte er für mich hatte.

Ich begriff, was er mir eigentlich sagen wollte, wenn er mir seine Anschauungen erzählte und wenn er mit mir schimpfte, wenn ich etwas in seinen Augen falsch gemacht hatte. Früher war ich dann gleich auf 180 und fühlte mich persönlich angegriffen.

"Wie kann er nur meine Anschauungen untergraben, und er versteht ja sowieso nicht was ich meine, und heute ist alles anders als zu seinen Zeiten. Er denkt viel zu schlecht..." und noch viel mehr dachte ich mir.

In den nun über 10 Jahren, in denen ich nicht mehr regelmäßig zu Hause war, hatte ich Schritt für Schritt gelernt, was hinter seinen Aussagen stand. Es hat sehr lange Zeit gedauert, bis mir dies bewusst wurde.

Wenn man aber Menschen nicht mehr regelmäßig sieht, und diese Menschen so weit weg sind, kommen einem in ruhigen Momenten Gedanken über das Hier und Jetzt - über sich - die Familie - das Leben zu Hause - die Entfernung, und dass man nicht weiß, wie oft man einen geliebten Menschen noch sehen darf.

Wie oft man noch die Stimme hören kann und ihn umarmen darf.

Menschen die einen lieben, wollen einem alles sagen - ihr Wissen weitergeben - ihre Erfahrungen, die sie in ihrem Leben gemacht haben, übermitteln, und uns vor dem bewahren, was uns schaden kann.

Sie wollen uns helfen, nicht die gleichen Fehler zu machen, die Sie eventuell einmal gemacht haben.

Manchmal klingen diese Ratschläge für einen als Angriff als Besserwisser und man kontert mit Aussagen, die dann diesen Menschen verletzen.

Ich bin mir sicher, wenn ich einmal alt bin, werde auch ich meinen Kindern mein Wissen weiter geben wollen - ich werde sie vor dem bewahren wollen, das zur Gefahr werden kann. Ich möchte sie beschützen vor dem Schlechten.

Ja, jeder muss seine eigene Erfahrung machen - wenn dir aber jemand hilft, dass diese Erfahrung nicht deine Person verletzt, dann ist es doch das, was jeder ganz instinktiv macht. Jeder will seine Kinder beschützen vor dem was sie eventuell noch nicht wissen. Jeder Vater wird verhindern, dass sein Kind stürzt. So wie wir unsere Kinder beschützen, dass sie nicht den heißen Herd anfassen, mit Messern spielen, nicht bei Rot über die Kreuzung gehen sollen. Wir lassen unsere Kinder auch nicht einfach die Erfahrung machen, sondern wir beschützen sie und lehren sie vor diesen Gefahren.

Er war sehr gläubig und die für mich schönste Weisheit, welche ich von ihm hören durfte war, dass das wertvollste, das uns Gott im Leben gegeben hat, der „Freie Wille" ist. Jeder von uns kann selbst entscheiden was er im Leben macht. Ob er auf der guten Seite ist oder das Böse sucht. Gott wird uns nicht hindern in unserem Willen. Wir sind selbst dafür verantwortlich, und diese Verantwortung müssen wir dann am Ende unseres Lebens – wenn wir vor Gott stehen - für uns vertreten. Und wir müssen dann auf unser Leben zurückschauen und können dann das sehen, wofür wir uns entschieden haben.

Wir sehen dann vor Gott all das, was wir gemacht haben. Alles was unser freier Wille entschieden hat.

Diese Weisheit war für mich eine große Erleuchtung und ein wunderschönes Wissen, das mir in diesem Augenblick gelehrt worden war.

Es war ein kleiner Satz der aber so viel aussagt, und wenn ein Mensch diese Gedanken in sich hat, ist das eine große Weisheit, die er im Leben gesammelt und für sich begriffen hat.

Ich bin dankbar, dass ich in den letzten Jahren diese Erkenntnis für mich erlangen konnte. So sah ich ihn mit anderen Augen. Und diese Ansicht wurde für mich wunderschön.

Ich bin stolz darauf, was ich an Wissen mitnehmen durfte - für mich ein unschätzbarer Wert.

Danke Papa für die wunderschönen Augenblicke, die du meinem Leben geschenkt hast.

***

"In Erinnerung an meinen Papa"

Wir denken an dich,
auch wenn du woanders lebst.
Wir erinnern uns immer an das,
was gewesen ist.
Denn etwas von dir
bleibt ganz tief in uns,
und wird niemals vergehen!
Etwas was nur uns gehört
Unsere Liebe!

+ + +

Jesus, wir geben dir unseren lieben Vater Karl in Liebe
und Dankbarkeit zurück.
An dich hat er geglaubt, auf dich hat er gehofft,
dich hat er geliebt.

Danke für die wunderschönen Augenblicke Papa.

+ Gschnitz, 22. September 2009

* * *

Weitere Informationen zu diesem und anderen Büchern vom Autor Andreas Felder erhalten sie auf:

www.andreas-felder.info/buch